Hans de Beer

Der kleine Eisbär und der Angsthase

Hans de Beer

Der kleine Eisbär und der Angsthase

Hase und Igel®

Für Lehrkräfte gibt es zu diesem Buch
ausführliches Begleitmaterial beim Hase und Igel Verlag.

Deutscher Text von Hermann Krekeler

Sonderausgabe mit Silbenhilfe

www.hase-und-igel.de
Druck: Grafisches Centrum Cuno GmbH & Co. KG

ISBN 978-3-86760-271-6
3. Auflage 2021

Lars, der kleine Eisbär,
lebt am Nordpol.
Lars ist viel allein unterwegs.
Oft sitzt er oben auf einem Hügel.

Er schaut über das Eis
und den Schnee bis zum Meer.

Meist ist es sehr still am Nordpol.
Man hört nur den Wind.
Heute hört Lars
noch etwas anderes:
ein lautes Wimmern.
Das Wimmern kommt
aus einem tiefen Loch.
Langsam kriecht Lars näher.
Sein Herz klopft.
Er beugt sich über den Rand.

Unten sitzt ein kleiner Hase.
Er ist weiß wie Lars
und er zittert vor Angst.

„Warte! Ich helfe dir!“, ruft Lars.
„Ich werfe Schnee runter.“

Auf dem Schnee kann der Hase
nach oben krabbeln.
Er zittert immer noch.

„Jetzt ist doch alles gut“,
sagt Lars.

Der Hase heißt Hugo.
Lars und Hugo können prima
zusammen spielen.
Sie rennen um die Wette.
Sie spielen Verstecken.
Lars kugelt
einen steilen Hang hinunter.
Das traut sich Hugo nicht.

„Du bist ja ein Angsthase“,
sagt Lars und lacht.

Und dann tobt er noch wilder.
Er will Hugo zeigen,
was für ein mutiger Eisbär er ist.

Es fängt an zu schneien.
Hugo sagt: „Wenn es schneit,
muss ich nach Hause.“

„Schade“, meint Lars.
„Ich geh noch ein Stück mit.“

Es schneit immer mehr.
„Weißt du noch, wo wir sind?“,
fragt Hugo ängstlich.

„Wir müssen da lang“, antwortet Lars.
Aber er ist sich gar nicht sicher.
Sie tappen weiter. Es schneit heftig.
Sie können kaum etwas sehen.

Lars sagt: „Komm, lass uns
einen Hügel aus Schnee bauen.
Der schützt uns gegen den Wind.
Wir warten dann, bis wir
weiterkönnen.“

Endlich hört es auf zu schneien.
Lars und Hugo schauen sich um.
Sie stecken
fast bis zum Hals
im Schnee.

„Wo sind wir?“, jammert Hugo.
„Jetzt finden wir nie mehr
nach Hause.“

Lars wäre auch gern zu Hause.
Er sagt: „Keine Angst.
Klar finden wir zurück.
Ich habe mich schon oft verlaufen.
Und ich habe immer
nach Hause gefunden.“

„Aber es wird schon dunkel“,
flüstert Hugo.

„Dann suchen wir eben
morgen weiter“, sagt Lars.
„Wir machen uns einen neuen Hügel.
Wir schlafen. Und wenn es hell wird,
finden wir schon nach Hause.“
Auch Lars fürchtet sich im Dunkeln.
Das sagt er aber nicht.

Was ist das?
Ein lautes Rasseln
weckt Lars am nächsten Morgen.

Vor seinem Hügel rattert etwas
durch den Schnee.

Und wo ist Hugo?
Hugo hat sich versteckt.

„Komm raus, du Angsthase!“, ruft Lars.
„Das war doch nur ein Schneemobil.
Das fährt immer zur Polarstation.
Mein Vater geht da oft hin
und holt etwas zu essen.
Von dort kenne ich den Weg.
Komm!“

Sie folgen der Spur des Fahrzeugs.

„Siehst du, da ist es!“, jubelt Lars.

Hugo gefällt der Ort nicht.
Er sagt: „Lass uns lieber
nach Hause gehen.“

„Aber ich habe Hunger“, meint Lars.

„Ich nicht …“, sagt Hugo leise.

Sie warten, bis das Schneemobil
wieder weg ist.
Im Abfall der Station finden sie
Brot, Fisch und zwei Möhren.
Genug für ein Picknick
auf einem Hügel in der Nähe.

Lars sagt: „Ich gehe noch mal runter
und guck mich um.
Du kannst ja hier warten."
Lars klettert über Kisten bis aufs Dach.
Auf dem Dach ist eine Öffnung.
Es ist keine Tür und kein Fenster.
Es riecht komisch.
Man hört Geräusche.
Ob man etwas sehen kann?
Lars beugt sich vor.
Und da passiert es …

Lars hat sich zu weit vorgebeugt.
Er fällt in den Schacht,
mit dem Kopf voran.
Zum Glück landet er
auf einem weichen Sessel.
Er ist in einem seltsamen Raum.
Es piepst und blinkt
und es ist sehr heiß hier.

Hugo wartet auf dem Hügel.
Wie gern wäre er zu Hause.
Wo ist Lars
nur geblieben?

Jetzt wäre Lars auch gern zu Hause.
Er hat nur noch einen Gedanken:
Wie komme ich hier raus?
Er irrt durch dunkle Gänge.
Alle Türen und Fenster sind zu.

Draußen hört Hugo
wieder das Schneeungeheuer.
Er muss Lars warnen!
Was soll er bloß tun?

Lars hat es auch gehört.
Er sieht, wie ein Mann aussteigt.
Wo soll er sich verstecken?
Sein Herz klopft wie wild.
Er findet kein Versteck.

Ich muss Lars helfen!,
denkt Hugo.
Er nimmt allen Mut zusammen.
Er rennt los. Aber es ist zu spät.
Der Mann ist schon an der Tür.

Hugo klettert auf das Dach.
Aus dem Schacht hört er Geräusche.
„Da drinnen ist Lars …“, murmelt Hugo.
„Wie kann ich ihn retten?
Ich muss den Mann ablenken.“
Hugo wirft Schnee hinunter
und rüttelt am Gitter.

Der Mann guckt nach oben.
„Was ist da auf dem Dach los?“
Er holt eine Leiter.
Den kleinen Eisbären sieht er nicht.

Endlich traut sich Lars heraus.
Die Tür steht noch offen.
Der Mann ist schon auf dem Dach.
Er wundert sich:
Was macht ein Hase auf dem Dach?
Er will Hugo herunterhelfen.
Aber Hugo versteht das nicht.
Er hat Angst wie noch nie.

Jetzt geht alles sehr schnell.
Lars ruft: „Komm runter, Hugo,
ich bin schon draußen!“

Da rennt der Hase los.
Er flitzt dem Mann durch die Beine
und springt vom Dach.

Lars will auch
schnell weg.
Dabei fällt
die Leiter um.

Das hat der Mann
noch nicht erlebt.
Er sieht einen Eisbären
mit einem Hasen rennen.

Hugo ist viel schneller
als der kleine Eisbär.
„Warte doch auf mich!“,
ruft Lars außer Atem
und sieht sich ängstlich um.

Hugo bleibt stehen.
Lars rennt an ihm vorbei.

„Du brauchst
keine Angst mehr zu haben!“,
ruft Hugo hinter ihm her.

Hier kennen sie sich wieder aus.
Lars kommt zurück. Er ist verlegen.

„Jetzt darfst du Angstbär zu mir sagen“, sagt er. „Du hast mich gerettet. Du warst sehr mutig.“

Hugo meint: „Ich war nicht mutig. Aber ich musste doch etwas tun.“

Lars und Hugo werden gute Freunde.

Und nie wieder
hat Lars zu Hugo
„Angsthase“ gesagt.
Seitdem sieht man oft
einen kleinen Eisbären
und einen kleinen Schneehasen
zusammen
auf einem großen Schneeberg.

Hans de Beer wurde 1957 in Muiden, einem kleinen Dorf in der Nähe von Amsterdam (Holland) geboren. Schon in der Schule begann er zu zeichnen – immer, wenn ihm der Unterricht zu langweilig war. Später studierte er Geschichte. Dann entschloss er sich, an der *Rietveld Kunstakademie* in Amsterdam Illustration zu studieren.

Hans de Beer zeichnete zuerst verschiedene Serien für niederländische Kinderzeitschriften und schließlich sein erstes Bilderbuch – mit einem kleinen Eisbären als Helden! Weil ihm das Bilderbuchmalen sehr viel Spaß machte, folgten weitere Bücher. Seine Vorliebe für große und kleine Eisbären, Katzen und Walrosse, Elefanten und Maulwürfe ist dabei unübersehbar. Hans de Beer erhielt für seine Bücher viele Preise, unter anderem den 1. Preis einer internationalen Kinderjury in Bologna (Italien).

Er lebt heute in Italien und in den Niederlanden.